Université de France.

ACADÉMIE DE STRASBOURG.

ACTE PUBLIC
POUR LA LICENCE,

PRÉSENTÉ

A LA FACULTÉ DE DROIT DE STRASBOURG,

ET SOUTENU PUBLIQUEMENT

LE SAMEDI 30 AOUT 1845, A MIDI,

PAR

J. N. DÉSIRÉ GERMAIN,

DE NANCY (MEURTHE).

STRASBOURG,

IMPRIMERIE DE L. F. LE ROUX, RUE DES HALLÉBARDES, 39.

1845.

1846

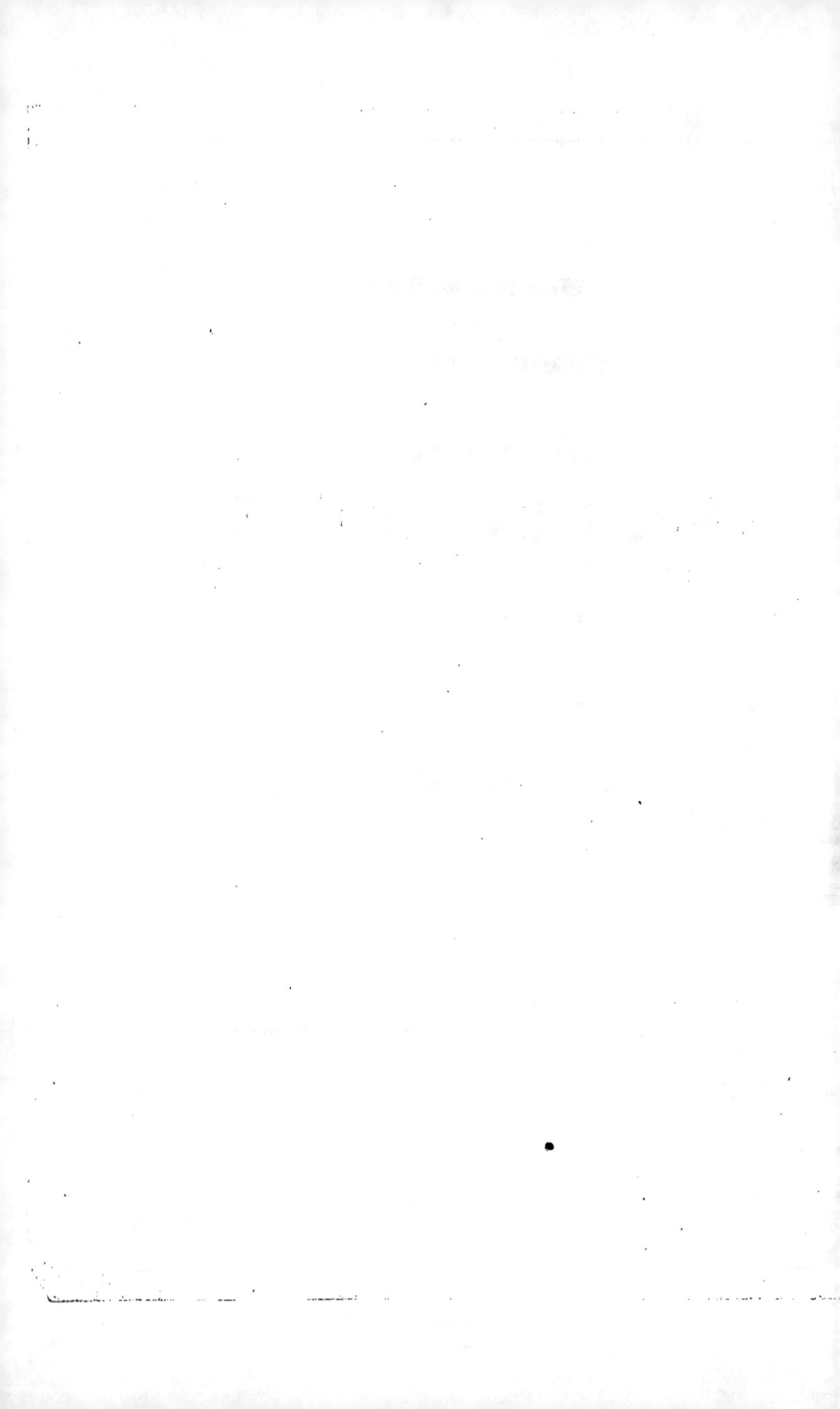

A MA MÈRE.

AMOUR FILIAL.

J. N. DÉSIRÉ GERMAIN.

FACULTÉ DE DROIT DE STRASBOURG.

PROFESSEURS.

MM. Rauter, doyen . . . . . Procédure civile et Législation criminelle.
Bloechel . . . . Droit civil français.
Hepp . . . . Droit des gens.
Heimburger . . . . Droit romain.
Thieriet . . . . Droit commercial.
Aubry . . . . Droit civil français.
Schutzenberger . . . . . Droit administratif.
Rau . . . . Droit civil français.

PROFESSEURS SUPPLÉANTS.

MM. Eschbach, professeur suppléant.
Lafon, professeur suppléant provisoire.

M. Pothier, secrétaire, agent comptable.

EXAMINATEURS DE LA THÈSE.

MM. Thieriet, président de la thèse.
Aubry.
Schutzenberger.
Lafon.

La Faculté n'entend ni approuver ni désapprouver les opinions particulières au candidat.

JUS ROMANUM.

DE TUTELIS.

PROŒMIUM.

SOLUS ille qui sui juris est, tutelæ beneficium accipere potest; et cùm tutela præcipuè propter ætatem constituta sit, videndum primùm est quæ ætas tutelâ, quæ curatelâ, quæ neutro jure teneatur.

Liberi quidem sive masculini sive feminini sexûs, vel majores sunt, id est post vicesimum quintum annum impletum, vel minores donec ad hanc ætatem non pervenerunt.

Minores autem in duobus dividuntur gradibus : aut enim impuberes sunt aut puberes. Mares quidem post decimum quartum ætatis annum puberes dicuntur, feminæ autem jam post duodecimum. Animadvertendum est veteres pubertatem non solùm ex annis, sed etiam ex habitu corporis æstimare voluisse, sed tantùm apud masculos.

Justinianus autem dignum esse castitate sui temporis putavit, hanc habitudinis corporis inspectionem et apud masculos defendere, quæ sibi in masculos veluti ac in feminas impudica videtur.

Impuberes qui infrà septimum annum ætatis sunt, nomine infantiæ veniunt. Post hanc ætatem, impuberes proximi infantiæ vocantur qui

1

non multùm excesserunt infantiam , et pubertati proximi qui propè
à pubere ætate absunt.

Ità quoque ipsa pubertas in plenâ et minùs plenâ distinguitur. Mares quidem minùs plenam habent pubertatem à decimo quarto anno
usque ad decimum octavum; feminæ autem à duodecimo usque ad
decimum quartum. Post hanc ætatem usque ad vicesimum quintum
omnes plenam obtinent pubertatem.

Faciliùs nunc intelligendum est quonam modo caput liberum tutelam primò accipiat, posteà curatelam, denique autem libero jure
fruatur.

§ 1.

De tutelis.

Tutela, ut Servius definit, est vis ac potestas in capite libero, ad
tuendum eum qui propter ætatem se defendere nequit, jure civili
data ac permissa.

Tutela est vis, id est facultas tutori data vice pupilli infantis
agendi.

Potestas, id est jus tutoris quibusdam rebus à pupillo gestis aucto-
ritatem tribuendi sine quâ confirmatione valere non possunt.

In capite libero. Servi quidem et filiifamilias tutores habere non
possunt, quia liberum caput non habent, et in dominorum vel patris-
familiæ potestate remanent. Solos sui juris pupillos tutor defendere
potest.

Ad tuendum eum. Ex verbo tueri appellati sunt tutores qui eam
vim ac potestatem in pupillos habent, ut eos efficaciter tueantur
quandò necesse erit.

Qui propter ætatem se defendere nequit. Præcipuè propter infirmi-
tatem ætatis institutum fuit tutoris officium. Infans enim qui patriæ
potestatis onus patitur, ejusdem quoque potestatis emolumenta habet.
Solutâ autem patriâ potestate, priusquàm impuber solus pro se agere

valeat, necesse est ut tutor adsit qui pupillum defendat ejusque personam bonaque administret usque ad legitimam pubertatis ætatem.

Tutelam quidem propter ætatem solùm statutam esse diximus, non propter sexum. Illa enim quæ feminarum vel sexûs appellata fuit tutela, novo jure Justiniani abrogata fuit.

Jure civili. Licet à naturali jure originem ducat tutela, propriam tamen ex civili jure formam habet.

Data, id est legitima ex legis virtute data tutela.

Ac permissa, id est testamentaria et dativa tutela.

Tres igitur jure romano constitutæ sunt causæ quibus defertur tutela : testamentum, lex et magistratûs auctoritas, undè tutores testamentarii, legitimi, dativi appellantur.

§ 2.

De tutelâ testamentariâ.

Fundamentum illius tutelæ scriptum est in lege Duodecim Tabularum his verbis : *Paterfamilias uti legassit super pecuniâ tutelâve suæ rei, ità jus esto.*

Permissum igitur fuit parentibus, liberis suis, quos in potestate habent, sive masculini sexûs sive feminini, testamento tutores dare. Non autem ad patrem solum pertinet ea potestas, sed ad quoscumque parentes qui liberos in potestate habent. Nam patria potestas est omnis tutelæ fundamentum; ex quo sequitur nec matrem nec aviam posse testamento tutores liberis suis dare, quia patriam potestatem habere non possunt.

Cùm autem nasciturus, id est conceptus, pro nato habeatur quandò de suis commodis agitur, permissum quoque est parentibus tutores testamento posthumis dare, si modò sui hæredes sint, et post mortem testatoris sui juris fiant.

Emancipatus quidem filius non in patriâ potestate permanet; ex quo sequitur patremfamilias non posse emancipatis tutorem dare. Tamen nominatus à patre tutor qui non ex ipso testamento vim ac potestatem tutoris accipere potest, à magistratu sine inquisitione confirmari debet : quæ tutela imperfecta appellata est.

Cùm autem exhæredatio filii patriam potestatem non solvat, paterfamilias et exhæredatis filiis tutorem dare potest, qui sine ullâ confirmatione tutelam gerere valebit. Quamvis mater, vel avia, vel alii parentes patriam potestatem non habeant et ex ipso jure filiis testamento tutorem dare non possint, tamen quia semper cum optimo videntur animo agere, nominatus testamento tutor à magistratu confirmari potest, sed post inquisitionem tantùm.

Tutor testamentarius vel ad certum tempus, vel ex certo tempore, vel sub conditione, vel etiam antè hæredis institutionem dari potest. Interim autem alius tutor à magistratu dandus est, licet pupilli legitimum tutorem habeant. Quamdiù enim testamentaria sperari potest tutela, legitimam cessare constat (L. 11, D. 26, 2).

§ 3.

De legitimâ agnatorum tutelâ.

Legitima tutela est ea quæ, deficiente testamentario tutore, ex ipsâ lege fundamentum habet.

Deficit autem tutor testamentarius non modò cùm paterfamilias testamentum non fecit, sed et testamento liberis suis tutorem non dedit; quantùm enim ad tutelam pertinet, intestatus est (L. 6, D. 26, 4).

Legitimi autem tutores vocantur præ extraneis personis ut tuerentur bona quorum successionem sperarent, ne dilapidarentur; nam ubi successionis est emolumentum, ibi et tutelæ onus esse debet.

Quatuor autem sunt legitimæ tutelæ species : 1° Agnatorum tutela, 2° patronorum, 3° parentum, 4° denique fiduciaria.

Legitima autem agnatorum tutela ex lege Duodecim Tabularum

institutionem habet his verbis : *Proximus agnatus familiam habeto*.
Videndum igitur primùm est qui agnati dicuntur.

Sunt agnati, cognati per virilis sexûs cognationem conjuncti quasi à
patre cognati ; intestato parente mortuo, agnatis defertur tutela, ità
ut, si plures non eodem gradu sunt, proximus tutelam habeat ; si
contrà plures eodem gradu sunt omnes tutelam nanciscuntur, nisi
tamen capitis diminutionem sustinuerint. Nam agnationis vinculum
omnibus modis capitis diminutionis rumpitur.

Si ad testamentarium tutorem devoluta fuit tutela, deindè autem
excusatus sit tutor vel remotus, in locum deficientis alium dare debet
magistratus ; nam ad legitimum tutorem non redit tutela (L. 6,
D. 26, 4).

§ 4.

De legitimâ patronorum tutelâ.

Ex eâdem lege Duodecim Tabularum tutela libertorum libertarum-
que ad patronos liberosque eorum pertinet, dummodò masculini sexûs
sint atque perfectæ ætatis. Sed hæc tutela non nominatìm nec specia-
liter delata est, sed per consequentiam principii : Ubi est emolumentum hæreditatis, ibi et onus esse debet. Reipsâ lex illa solùm loqui-
tur de legitimâ agnatorum tutelâ, et cùm servi manumissi agnatos
non habere possunt, patroni justè in locum eorum vocantur.

Manumissor autem tutor est, sive spontè manumisit, sive ex causâ
fideicommissi. Si duo pluresve manumittant, omnes tutores sunt,
mulieribus usque exceptis, quamvis ad hæreditatem patrona vocetur,
quia tutela officium virile est (L. 16, 18, D. 1, 16) ; et si aliquis ex
patronis decesserit filium relinquens, is tutelæ non succedit. Si alter
ex patronis filium, alter nepotem reliquerit, tutela ad filium solum
pertinet (L. 3, D. 26, 4).

§ 5.

De legitimâ parentum tutelâ.

Liberorum impuberum emancipatorumque tutela à lege patri delata est vel avo emancipatori, exemplo patronorum tutelæ; manumissor enim pater patronus fit, et parùm interest filium contractâ fiduciâ vel sine illâ clausulâ retrocessionis emancipatum fuisse, postquàm talem emancipationem semper contractâ fiduciâ reputatam fore decrevit Justinianus (L. 6, Cod. 8, 48).

Patre autem mortuo, quid fiat tutela quæstio oritur, si intestatus quoad tutelam decessit. Tùm legitimæ parentum tutelæ succedit alia tutelæ legitimæ species quæ fiduciaria vocatur.

§ 6.

De fiduciariâ tutelâ.

Patrefamilias mortuo, si liberi perfectæ ætatis existant, fiduciarii tutores fratris vel sororis emancipati efficiuntur (L. 4, D. 26, 4). Pater quoque fiduciariam obtinet tutelam filii impuberis ab avo emancipati, si avus intestatus mortuus est. Nam sine emancipatione pater patriam potestatem in filium habuisset. Idem et patruus fiduciarius tutor fit filiorum filiarumque à fratre mortuo derelictorum.

§ 7.

De dativâ tutelâ.

Dativa tutela est ea quæ ex magistratûs proficiscitur auctoritate cui ex lege jus est tutores dandi; prima lex in Urbe fuit Atilia quæ praetori urbano et majori parti tribunorum plebis jus tutores pupillis nominandi concessit; altera verò lex Julia Titia, quae in provinciis idem jus presidiis provinciarum dedit.

Locus est illi tutelae non solùm deficientibus testamentariâ et legitimâ, sed etiam quamdiù testamentaria speratur, vel cùm testamentarius tutor remotus aut excusatus fuit, vel etiam cùm institutus haeres non haereditatem adivit. Omnes enim testamentariae dispositiones, in quibus tutoris institutio continetur, post haereditatis aditionem solùm exequi possunt.

Ab hostibus quoque capto tutori, qui desivit tutor esse, ex his legibus tutor datur. Sed si captus in civitatem revertit, tutelam iterùm obtinet; nam reversus recipit tutelam jure postliminii, ac si captivus non fuisset.

Ad delationem illius tutelae, formae legitimae observantur. Fit igitur ex inquisitione morum et fortunae tutoris, nec diei adjectionem nec conditionem patitur (L. 77, D. 50, 17).

DROIT CIVIL FRANÇAIS.

DE LA MINORITÉ, DE LA TUTELLE ET DU SUBROGÈ TUTEUR.

CHAPITRE I.

DE LA MINORITÉ.

INTRODUCTION.

L'HOMME, qui est appelé à remplir dans la famille et dans l'État un rôle si important, est à sa naissance et reste pendant les premières années de sa vie tellement faible, que la loi a dû venir en aide à la tendresse de ses parents pour le préparer à bien remplir sa noble carrière. C'est dans ce but qu'elle a institué la *puissance paternelle,* autorité toute légale, mais fondée sur l'amour instinctif des parents pour leurs enfants et l'obéissance naturelle des enfants aux auteurs de leurs jours.

Plus tard, quand les développements de son organisation physique et intellectuelle ont changé l'enfant en homme, la loi intervient encore pour fixer le moment où commencera pour lui la vie civile. C'est alors que, livré à lui-même, il doit avoir la maturité d'esprit, l'expérience et le jugement nécessaires pour bien diriger sa personne et administrer sagement ses affaires. Mais la détermination de cette époque capitale dans l'existence était une grande difficulté; car la loi ne pouvant pas faire subir à chaque individu un examen individuel, devait établir une règle générale et uniforme pour tous, en fixant un certain âge, avec la présomption légale que tous les individus qui l'auraient atteint, seraient dignes de la faveur qu'elle leur accordait.

La majorité est une institution sociale qui, comme toutes les autres, varia suivant les gouvernements, les mœurs et les climats. Ainsi, la législation de certains peuples, placés sous un ciel brûlant, fixa l'âge de la majorité à quinze ans, tandis que le despotisme de l'autorité paternelle recula ce même âge chez les Romains jusqu'à vingt-cinq ans révolus; et cependant il est à remarquer que ce peuple avait senti que c'était trop restreindre la vie civile d'un citoyen. Aussi, quoique la majorité fût fixée à vingt-cinq ans, l'enfant n'était réellement mineur que jusqu'à quatorze ans pour les hommes, et douze pour les femmes. C'était l'âge pupillaire auquel succédait la puberté. Dans cette seconde période le mineur subissait une espèce d'émancipation, et prenait l'administration de ses affaires sous l'assistance d'un curateur.

Lors de la rédaction des Coutumes, la législation romaine s'introduisit dans notre Droit, et l'on vit les pays de Droit écrit adopter la majorité de vingt-cinq ans. Mais ce système ne prévalut pas dans toute la France, et, entre autres provinces, le Maine, l'Anjou et la Normandie conservèrent l'âge de vingt ans, sans que l'on vît jamais ni l'ordre public, ni les intérêts privés souffrir de cette détermination *(Exp. des motifs)*.

Aujourd'hui la loi est une en France sur ce point si controversé, de même que sur toutes les autres questions législatives. D'abord la loi du 20 septembre 1792, puis le Code civil, qui onze ans après vint confirmer cette décision, fixent le terme de la majorité à vingt et un ans pour tous les Français indistinctement, quel que soit leur sexe. Le progrès des lumières, l'expérience des années et l'exemple, tant de plusieurs provinces françaises que d'autres États voisins, militaient en faveur de cette décision, et firent rejeter les objections de ses adversaires. Du reste, une considération, bien plus puissante que toutes les autres, vint corroborer l'opinion des législateurs français. Dans l'intervalle qui s'écoula entre la loi du 20 septembre 1792 et la discussion du Code civil, parut la constitution de l'an 8 qui fixa la majorité politique à vingt et un ans. Dès lors la question de la majorité civile dut être résolue dans le même sens, car il y aurait eu une inconséquence frappante à déclarer capable de prendre part aux affaires publiques celui-là même qui n'aurait pas eu le droit d'administrer ses affaires privées.

Ainsi, il résulte des dispositions du Code civil que le majeur est celui qui a atteint l'âge de vingt et un ans révolus; il est capable de tous les actes de la vie civile, sauf les restrictions portées aux titres du mariage et de l'adoption, sauf encore le cas d'interdiction totale ou partielle. Le mineur, au contraire, est celui qui n'a pas encore atteint l'âge de vingt et un ans accomplis. Jusqu'à cet âge il reste soumis à la puissance paternelle, s'il a conservé les auteurs de ses jours. Vient-il à perdre son père ou sa mère, la tutelle commence suivant les règles déterminées par la loi. Enfin, si avant sa majorité le mineur obtient le bénéfice de l'émancipation, la tutelle cesse, et le mineur entre dans la vie civile, mais en restant soumis jusqu'à sa majorité à l'assistance d'un curateur pour certains actes énumérés par la loi.

Ainsi, puissance paternelle, tutelle et curatelle, voilà les trois autorités que, suivant l'occasion, le législateur impose au mineur jusqu'au jour où il sera réputé capable de se suffire à lui-même.

CHAPITRE II.

DE LA TUTELLE EN GÉNÉRAL, ET DES DIFFÉRENTES MANIÈRES DONT ELLE EST DÉFÉRÉE.

Avant d'entrer dans la discussion de la tutelle ordinaire, je crois devoir dire quelques mots de deux autres tutelles régies par les dispositions de la loi. La tutelle officieuse et la tutelle administrative.

La première, pur contrat de bienfaisance de même que l'adoption dont elle prépare les voies, a lieu quand un individu, réunissant les conditions voulues par la loi, se charge volontairement d'administrer la personne et les biens d'un mineur, de le nourrir, de l'élever à ses frais, et de le mettre en état de gagner sa vie, s'il ne l'adopte pas à sa majorité. Dire que cette tutelle est un contrat purement volontaire, que le tuteur officieux prend sur sa propre fortune les frais d'éducation et d'entretien du mineur, et que les parents naturels du mineur renoncent à l'exercice des droits résultant de la puissance paternelle, c'est suffisamment indiquer la différence qui existe entre la tutelle officieuse et la tutelle ordinaire que nous traiterons plus loin.

La tutelle administrative est celle qui a lieu en faveur des enfants admis dans les hospices. Elle est réglée par la loi du 15 pluviôse an 13, en vertu de laquelle un membre de la commission administrative est chargé de cette tutelle, tandis que les autres membres en forment le conseil.

La tutelle ordinaire qui fait le sujet de cette dissertation peut être définie : une autorité et une charge imposée à quelqu'un par la loi, ou par la volonté de l'homme en vertu des dispositions de la loi, d'administrer gratuitement la personne et les biens d'un incapable. Ainsi c'est une charge civile et obligatoire que le tuteur ne peut s'empêcher d'accepter, à moins qu'il ne se trouve dans le cas d'une des excuses légitimes énumérées aux articles 427 et suivants. C'est un mandat légal de prendre soin de la personne du mineur, de le représenter dans tous les actes de la vie civile, et de veiller à la conservation de ses droits. Cette administration est gratuite, mais les frais d'entretien, d'éducation et toutes les autres dépenses personnelles au pupille sont prises sur sa propre fortune et non sur celle du tuteur, comme cela a lieu dans la tutelle officieuse.

L'expression *incapable* employée dans la définition indique par sa généralité même qu'il y a deux espèces de tutelles ordinaires : celle du mineur qui a lieu à cause de la faiblesse de l'âge, celle du majeur pour cause d'imbécillité, démence ou fureur ; mais cette interdiction du majeur ne peut jamais être prononcée que par jugement. Il résulte encore de la définition que la tutelle peut être déférée de deux manières : 1° par la force seule de la loi, ce qui constitue la tutelle légitime du survivant des père et mère, et la tutelle légitime des ascendants ; 2° par la volonté de l'homme, ce qui comprend la tutelle testamentaire et la tutelle dative. Quant à l'ordre que chacune d'elles occupe respectivement, la tutelle légitime du survivant des père et mère prime toutes les autres. Il y a plus, toutes les fois que l'époux survivant aura, en vertu de l'article 397, désigné à ses enfants un tuteur pour le temps où il ne sera plus, la loi respectera ce choix en faisant prévaloir cette tutelle improprement appelée testamentaire sur la tutelle légitime des ascendants. Celle-ci occupera donc le troisième rang, et en dernier lieu viendra la tutelle dative, c'est-à-dire déférée par le conseil de famille. Nous allons les parcourir successivement.

SECTION I.

De la tutelle légitime du survivant des père et mère.

Tant que subsiste le mariage qui unit les père et mère d'un mineur, celui-ci n'est pas soumis à l'autorité tutélaire. Le père, en vertu de la puissance paternelle, gouverne et dirige la personne de ses enfants mineurs, il est l'administrateur légal de leurs biens personnels s'ils en possèdent, et chargé en cette qualité de faire pour l'utilité et au nom de ses enfants tout ce qu'un véritable tuteur doit faire pour les intérêts de ses pupilles. De plus, le père est usufruitier légal de ces mêmes biens, à moins que le donateur n'en ait disposé autrement, auquel cas le père est comptable quant à la propriété et aux revenus des biens dont il n'a pas la jouissance.

De ce que le père est administrateur légal et non tuteur, il faut conclure qu'il ne peut pas être placé sous la surveillance d'un subrogé tuteur, ni sous la dépendance d'un conseil de famille. Mais il faut remarquer ici qu'aliéner n'est plus administrer, c'est disposer de la propriété de la chose, et les pouvoirs d'un administrateur ne vont pas jusque-là. Aussi toutes les fois que le père jugera nécessaire de faire un emprunt pour le mineur, d'aliéner ou d'hypothéquer tout ou partie des biens immeubles, il ne pourra pas le faire de son chef, mais en vertu de l'autorisation d'un conseil de famille, qui ne devra l'accorder que pour cause d'une nécessité absolue ou d'un avantage évident (art. 457). Il en sera de même des transactions, car pour transiger (art. 2045) il faut avoir la capacité de disposer des objets compris dans la transaction.

Cependant il peut arriver que le père se trouve avoir des intérêts opposés à débattre avec ses enfants mineurs; ainsi il peut être appelé concurremment avec ses enfants à la succession de l'un des mineurs décédé sans postérité. Dans ce cas, conformément à l'article 838, il sera nommé à chacun des mineurs un tuteur spécial et particulier, afin que le père, intéressé personnellement au partage, puisse trouver un contradicteur légitime qui représente les intérêts de ses enfants.

La tutelle légitime des père et mère, ou pour parler plus exacte-ment, du survivant des père et mère, ne commence qu'au moment où le mariage est dissous par la mort civile ou naturelle de l'un des époux. La condamnation de l'un d'eux à une peine emportant mort civile ne ferait pas cesser l'administration légale du conjoint, si le condamné était contumace. La mort civile reste suspendue sur sa tête, mais sans le frapper pendant le délai de cinq ans qui lui est accordé pour purger sa contumace; mais le jour où la peine deviendra définitive, le conjoint deviendra tuteur de droit, et sera obligé de se conformer à toutes les prescriptions de la loi relatives à la tutelle.

Quid, si le mort civilement vient à être amnistié, ou si, profitant du bénéfice de vingt ans que la loi lui accorde pour subir un nouveau jugement, il est acquitté par ce nouveau jugement ou condamné à une peine n'emportant pas mort civile?

Comme l'effet de ce second jugement est de réintégrer le mort civilement dans la plénitude de ses droits civils pour l'avenir, le père reprendra l'administration légale, si la mère tutrice est encore en vie; si elle est décédée, et que la tutelle ait été déférée depuis par le conseil de famille ou de toute autre manière, le tuteur élu devra résigner ses fonctions entre les mains du père des mineurs qui, dans ce cas, sera leur tuteur légal. *Cessante causâ, cessat effectus.*

Une distinction importante est à établir entre la position et les droits du père et ceux de la mère relativement à la tutelle. Après la mort civile ou naturelle de sa femme, le père est de plein droit tuteur, mais de plus tuteur obligé et nécessaire, sauf le cas d'excuse légale. Sa gestion ne peut être restreinte par qui que ce soit, ni soumise à l'assistance d'un conseil spécial. Quant à la mère, personne, il est vrai, ne peut la priver de la tutelle puisqu'elle l'exerce de plein droit; mais si le mari, vrai juge de la capacité de sa femme, ne lui reconnaît pas les connaissances nécessaires pour administrer convenablement la tutelle, il a le droit de modifier ses pouvoirs, de les restreindre en lui adjoignant un conseil spécial dont elle sera tenue de réclamer l'assistance, soit pour tous les actes d'administration en général, soit pour tel ou tel acte spécialement désigné. Cette nomination d'un conseil peut se faire, soit par acte de dernière volonté, soit par déclaration devant le juge de paix ou un notaire. Comme cette assistance est un mandat tout de confiance et purement personnel, si le conseil élu refuse ou s'il vient à mourir, la mère exercera seule la tutelle, à moins que le père n'ait adjoint ou substitué au conseil décédé une ou plusieurs autres personnes en la même qualité.

Il est à remarquer que cette importante disposition a été introduite dans notre Code pour concilier les deux systèmes, l'un et l'autre trop exclusifs, qui dominaient en France avant le Code civil. « Notre Droit « coutumier, dit le tribun Huguet, dans son rapport au Tribunat, « excessivement prévoyant pour l'intérêt des mineurs, n'admet point « en général la tutelle naturelle, la tutelle légitime, la tutelle de droit « ni la tutelle testamentaire. Il veut que dans toute espèce de tutelle, « sans aucune exception pour personne, l'autorité publique inter- « vienne toujours dans la nomination des tuteurs, que toutes les tu- « telles soient datives, soient données par le juge après avoir pris « l'avis des parents du mineur.... Le Droit écrit au contraire, appuyé « sur des raisons moins soupçonneuses, plus analogues à la nature, « veut que le père, la mère, les ascendants soient tuteurs-nés, tuteurs « légitimes et de droit de leurs enfants; il autorise la tutelle testamen- « taire. » La disposition de l'article 391 concilie les deux doctrines sans porter atteinte aux droits sacrés des parents des mineurs.

Pendant le mariage, la mère ne participe en général ni à l'exercice de la puissance paternelle ni à l'administration que la loi accorde au père. Après la dissolution du mariage, elle est appelée de droit à la tutelle, mais elle a le droit d'y renoncer. Dans ce cas, la loi lui impose l'obligation de gérer la tutelle aussi longtemps qu'elle n'aura pas fait convoquer le conseil de famille pour procéder à la nomination d'un nouveau tuteur, et jusqu'à l'entrée en fonctions de ce dernier.

Si lors du décès du mari la femme est enceinte, il est de son devoir de le déclarer sans retard; cette déclaration fera foi sans qu'on puisse avoir recours à aucun moyen de vérification comme dans l'ancienne législation. L'intérêt de la pudeur et de la morale publique s'opposent à une recherche de ce genre, inutile d'ailleurs, puisque la vérité ne peut tarder à se faire connaître. Comme l'enfant conçu est considéré comme né, toutes les fois qu'il s'agit de ses intérêts, il se trouve dès le moment de la conception habile à succéder à son père; mais c'est à la condition qu'il naîtra viable, sinon, il n'aura jamais eu de droit à cette succession, puisqu'il sera considéré comme n'ayant jamais existé, et dans ce cas, d'autres personnes seront appelées à la succession. Celle-ci reste donc vacante, les héritiers sont incertains, et il faut qu'il y ait un agent spécial appelé à veiller sur la succession, et à la conserver aux ayants droit. Cet agent c'est le curateur au ventre. Il est nommé par le conseil de famille convoqué dès que la déclaration de grossesse a été faite, et doit toujours être choisi dans la ligne paternelle de l'enfant à naître (Arg. art. 393 et 423 combinés). Le curateur au ventre fait tous les actes purement conservatoires, afin que la succession ne dépérisse pas pendant l'intervalle qui doit s'écouler entre le décès du mari, et le moment où les héritiers deviendront certains. Il doit aussi veiller à ce qu'il ne puisse y avoir ni suppression ni supposition de part; enfin il rendra compte de sa gestion aux héritiers du père, si l'enfant ne naît pas viable; à la mère elle-même, si l'enfant a le bonheur de vivre. En effet, à la naissance de l'enfant, la mère en deviendra la tutrice légale, et le curateur au ventre en sera de droit aussi le subrogé tuteur.

Le père qui vient à se remarier reste toujours chef de sa famille, et son indépendance ne souffre pas d'une nouvelle union; il n'y a donc aucun inconvénient à ce qu'il conserve la tutelle. Mais il n'en est pas de même de la mère. Quoique son mariage puisse souvent donner un nouveau protecteur à des orphelins, il en résulte cependant qu'elle passe dans une nouvelle famille dont le chef est étranger à ses enfants, et sans le concours duquel elle ne pourra faire aucun acte relatif à la gestion de la tutelle. En conséquence, elle est tenue, avant la célébration du mariage, de faire convoquer le conseil de famille qui décidera si l'intérêt des mineurs permet de laisser la tutelle à la mère. Si la mère est maintenue dans la tutelle, le conseil lui donnera nécessairement pour cotuteur le second mari qui deviendra solidairement responsable avec sa femme de la gestion postérieure au mariage. Si le conseil croit devoir enlever la tutelle à la mère, il devra, séance tenante ou dans le plus bref délai possible, pourvoir à son remplacement.

Le Code décide que la mère qui se sera remariée sans avoir fait convoquer le conseil de famille, perd la tutelle de plein droit, et que son second mari sera solidairement responsable de toutes les suites de la tutelle qu'elle aura indûment conservée. Ici la loi est plus sévère que dans l'hypothèse précédente; car le mari sera solidairement responsable de la gestion même antérieure au mariage, puisqu'il doit connaître la loi et le danger auquel il s'expose en ne veillant pas à ce qu'elle soit exécutée. Cependant cette responsabilité ne peut pas comprendre l'hypothèque légale sur les biens qui appartiennent au mari. L'hypothèque tacite est un privilége exorbitant du Droit commun, et comme les dispositions de la loi qui établissent de pareils priviléges ne sont pas susceptibles d'interprétation extensive, et qu'au contraire, dans le doute, on doit les appliquer dans un sens restreint, on peut dire que cette hypothèque ne frappe pas les biens du second mari. Cette décision est d'ailleurs conforme au Droit romain. *Privilegia sunt strictissimæ interpretationis.*

SECTION II.

De la tutelle déférée par le père ou la mère.

La confiance que la loi place dans la tendresse naturelle des parents pour leurs enfants ne s'est pas bornée à accorder à l'époux survivant la tutelle légale de ses enfants mineurs. Ce droit de protéger et de défendre un mineur peut se continuer dans la personne d'un tuteur élu par le dernier mourant des père et mère. Il constitue la tutelle

improprement appelée *testamentaire;* car nous allons voir qu'elle peut être établie tout autrement que par acte de dernière volonté. Tant que le mariage n'est pas dissous par la mort de l'un des époux, aucun d'eux ne peut déférer la tutelle, car elle appartient de droit au survivant. Mais dès que la mort de l'un d'eux aura appelé son conjoint à la tutelle légale, alors aussi s'ouvrira pour lui le droit de nommer un tuteur qui le remplacera en cas de décès avant la majorité du pupille.

Quoique le Code emploie dans l'article 397 l'expression *dernier mourant,* il faut dire cependant que la mort civile de l'un des époux donne, de même que la mort naturelle, ouverture au droit du conjoint de nommer un tuteur testamentaire. Il n'en serait pas de même de l'interdiction, car l'interdit n'est pas réputé mort; il continue à jouir de ses droits civils, mais l'exercice en est suspendu, et un jugement de mainlevée peut d'un jour à l'autre le réintégrer dans toute l'étendue de ses droits.

Cette tutelle peut se déférer de trois manières : 1° par acte de dernière volonté; 2° par déclaration devant le juge de paix ; 3° par acte devant notaire.

Le droit de la déférer appartient indistinctement au père comme à la mère, suivant l'ordre de survie; mais l'exercice en a subi quelques restrictions fondées sur l'intérêt des mineurs. Les unes sont communes aux deux époux, les autres particulières à la mère. Ainsi l'époux dernier mourant est privé de ce droit, lorsqu'il a encouru une peine emportant mort civile; lorsqu'il a été déclaré déchu de la puissance paternelle pour avoir facilité la corruption ou la débauche de ses enfants (Code pénal, art. 335); lorsqu'il a subi une peine afflictive ou infamante (art. 443); lorsqu'il a été exclu ou destitué d'une tutelle.

La mère non remariée jouit de toute la plénitude de ce droit comme le père, car elle mérite toujours la confiance de la loi; mais si elle vient à se remarier, elle se trouve soumise à une influence étrangère qui pourrait préjudicier à ses enfants du premier lit. Dans cette position elle peut bien encore nommer un tuteur à ses enfants, mais ce choix ne sera valable qu'autant qu'il aura été confirmé par le conseil de famille. Mais la loi va se montrer plus sévère encore. La mère remariée mais non maintenue dans la tutelle de ses enfants mineurs du premier mariage, soit pour ne pas avoir convoqué le conseil de famille, soit parce que ce conseil lui a retiré la tutelle, est entièrement déchue du droit de nommer un tuteur testamentaire, quand même elle serait devenue veuve par la suite, et qu'elle n'ait pas d'enfants du second lit. La loi est absolue et n'établit aucune distinction. Quant au tuteur nommé par le père ou la mère, il peut refuser la tutelle dans tous les cas où il pourrait s'excuser s'il était nommé par le conseil de famille. On peut conclure de là que, s'il existe un ascendant en état de gérer la tutelle, la personne désignée ne serait point tenue d'accepter, car elle n'aurait pu être élue par le conseil de famille qu'à défaut d'ascendants.

Du reste, comme la volonté du défunt doit toujours être respectée, lorsqu'elle n'a rien de contraire aux lois ni aux mœurs, le tuteur testamentaire pourra être nommé pour n'exercer qu'au bout d'un certain temps, ou jusqu'à une certaine époque. Il peut aussi être nommé sous une condition soit suspensive, soit résolutoire. C'est alors la tutelle dative qui aura lieu avant ou après l'expiration du terme, avant ou après l'événement de la condition par application de la règle : *Quamdiù testamentaria speratur tutela, legitimam cessare constat.*

Il peut arriver aussi que le père et la mère mineurs viennent à déférer la tutelle ; ce choix sera-t-il valable par lui-même ou aura-t-il besoin de la confirmation du conseil de famille? La réponse sera simple. Les mineurs sont émancipés de plein droit par le mariage et, par conséquent, capables de tous les actes de la vie civile que le Code ne leur interdit pas expressément. Or l'article 397 s'exprime d'une manière générale, en disant : Le dernier mourant des père et mère ; d'où il suit qu'ils pourront valablement déférer la tutelle de leurs enfants.

SECTION III.

De la tutelle légitime des ascendants.

La tutelle légitime des ascendants est celle qui, à défaut de père et mère et de tuteur testamentaire, est déférée de plein droit à l'ascendant mâle le plus proche en degré du mineur. Ainsi le dernier mourant des père et mère peut, en choisissant un tuteur à ses enfants, exclure la tutelle légitime des ascendants. Mais si le tuteur élu refuse cette charge, s'il vient à mourir ou à être destitué, à quelle tutelle cet événement donnera-t-il lieu? Deux principes sont ici en regard, et il est à remarquer que les auteurs qui ont traité cette question, en partant de l'un ou de l'autre, sont arrivés à deux solutions opposées. En effet, si l'on considère le choix d'un tuteur testamentaire comme l'expression formelle de la dernière volonté du dernier mourant d'exclure les ascendants de la tutelle, on arrivera naturellement à cette conséquence : que la mort, le refus, l'exclusion ou la destitution du tuteur élu, donneront ouverture à la tutelle dative, et non à celle des ascendants. Si, au contraire, on s'attache à l'ordre dans lequel le Code nous présente chaque tutelle, et que l'on pense que la suite des sections indique la préférence que le législateur a voulu accorder à chacune des différentes tutelles l'une sur l'autre, on arrivera à une conclusion tout opposée.

Adopter cette dernière doctrine, serait, je crois, méconnaître les intentions du législateur qui lui-même, à plusieurs reprises, a interverti l'ordre des tutelles, comme il est tracé dans le Code. Il résulte en effet de l'article 394 que si la mère refuse la tutelle, il y a lieu non pas à celle des ascendants, mais bien à la tutelle dative. J'aime beaucoup mieux me conformer à la volonté suprême du défunt, car cette volonté doit être respectée toutes les fois qu'elle n'a rien de contraire à la loi et aux bonnes mœurs, et croire que les ascendants ne seront appelés de droit à la tutelle que dans le cas où le dernier mourant des père et mère n'aura pas élu de tuteur à ses enfants.

Si l'ascendant le plus proche au moment où s'ouvre la tutelle est incapable de la gérer ou se trouve valablement excusé, cette charge ne passe pas à l'ascendant du degré supérieur. On ne remonte ainsi de degré en degré que quand le survivant a continué la tutelle jusqu'à sa mort. Il est à remarquer que dans la discussion du Code civil on avait proposé de confier la tutelle légitime à l'aïeul le plus proche, quel que fût son sexe; mais la section législative du conseil d'État, tout en réservant aux ascendantes les tutelles testamentaire et dative, trouva qu'il serait dangereux de leur confier de plein droit la tutelle légitime. Si la mère en jouit, c'est qu'elle a des droits sacrés à cette préférence, et que d'ailleurs elle n'est pas affaiblie par l'âge.

La tutelle des ascendants appartient de droit à l'aïeul paternel du mineur, et à son défaut à l'aïeul maternel, de manière qu'à égalité de degré l'aïeul paternel soit toujours préféré à celui de la ligne maternelle. S'ils sont décédés tous deux, et qu'il y ait concurrence entre deux bisaïeuls de la ligne paternelle, la tutelle passera de droit à celui qui sera l'aïeul paternel du père du mineur. Si cette même concurrence a lieu entre deux bisaïeuls de la ligne maternelle, le conseil de famille sera appelé à nommer l'ascendant qui paraîtra être le plus à même de gérer la tutelle.

SECTION IV.

De la tutelle déférée par le conseil de famille.

Jusqu'ici nous avons supposé qu'il restait au mineur un ou plusieurs appuis naturels pour prendre soin de sa faiblesse et de son inexpérience. C'était son père ou sa mère, ou bien une personne dépositaire de leur confiance et chargée par le survivant d'entre eux de continuer leur mission tutélaire, ou bien encore un ascendant. Maintenant tous ces appuis manquent à la fois au mineur. Le dernier mourant de ses père et mère ne lui a pas nommé de tuteur testamentaire, les ascendants sont décédés, ou bien le tuteur de l'une des qualités ci-dessus exprimées se trouve par une circonstance quelconque exclu ou valablement excusé de la tutelle. C'est alors que la loi intervient directement pour faire donner un nouveau tuteur à l'orphelin. A cet effet, elle institue une assemblée spéciale composée de personnes attachées au mineur par les liens du sang ou de l'affection : c'est le conseil de famille. Il se compose, 1° du juge de paix qui en est membre-né et de plus président; 2° de six autres personnes choisies par le juge de paix parmi les parents, alliés ou amis du mineur. En vertu de l'article 407, les membres du conseil doivent être pris tant dans la commune où la tutelle est ouverte que dans la distance de deux myriamètres, de manière que la réunion du conseil n'éprouve pas de retard et n'occasionne pas de frais trop élevés au mineur; si la loi a choisi le nombre de six membres, c'est afin que le conseil, se trouvant en nombre impair en y comprenant le juge de paix, ne fût pas exposé à un partage d'opinion qui paralyserait toute mesure importante, et afin que l'on pût prendre la moitié des membres du côté paternel, et l'autre moitié du côté maternel. Par ce moyen, toute influence d'une ligne sur l'autre sera évitée. Néanmoins les frères germains, étant membres de chaque ligne, font tous partie du conseil de famille quel que soit leur nombre, et comme à l'exception de la mère et des ascendantes veuves, les femmes sont exclues de ce conseil, les sœurs germaines y seront remplacées par leurs maris. Si leur nombre est de six ou au delà, ils composeront à eux seuls le conseil de famille avec les ascendants et les ascendantes veuves que l'on appelle toujours par déférence; s'ils sont en nombre inférieur, le juge de paix complétera le conseil en y appelant d'autres parents choisis par moitié dans chaque ligne. En règle générale, le parent ou l'allié le plus proche doit être préféré au plus éloigné, à égalité de degré le parent doit l'être à l'allié, et s'ils sont au même degré le plus âgé exclut le plus jeune.

Mais il peut arriver qu'il ne réside pas dans la commune un nombre suffisant de parents des deux lignes pour compléter le conseil ; dans ce cas le juge de paix doit appeler soit des parents domiciliés à de plus grandes distances, soit dans la commune même des personnes connues pour avoir eu des relations habituelles d'amitié avec le père ou la mère du mineur. Il y a plus ; la loi pour favoriser les intérêts du mineur donne plus de latitude encore au choix que le juge de paix peut faire parmi les parents. Ainsi, s'il se trouve à quelque distance que ce soit des parents ou alliés plus proches ou du moins égaux en degré aux parents présents, le juge de paix pourra les appeler au conseil, à condition toutefois que jamais le nombre de six ne soit dépassé.

Avant de parler de la convocation et de la compétence du conseil de famille, je dirai en quelques mots quelles sont les personnes qui en sont exclues par la loi : 1° les mineurs, émancipés ou non, excepté le père et la mère ; 2° les interdits ; 3° les femmes autres que la mère et les ascendantes ; 4° tous ceux qui ont ou dont les père et mère ont avec le mineur un procès dans lequel l'état de ce mineur, sa fortune ou une partie notable de ses biens sont compromis ; 5° tous ceux qui ont été exclus ou destitués d'une tutelle (art. 445) ; 6° ceux qui sont frappés de mort civile ; 7° tous ceux contre qui a été prononcée la peine de la dégradation civique soit comme peine principale, soit comme peine accessoire, ou bien aux travaux forcés à temps, à la réclusion ou au bannissement (Code pénal, art. 28 et 34) ; 8° ceux qui ont été privés par un tribunal jugeant correctionnellement du droit de vote et suffrage dans les assemblées de famille ; 9° outre ces causes générales d'incapacité, il en est d'autres spéciales à chaque cas particulier qui résultent aussi des dispositions de la loi. Ainsi les personnes intéressés à la contestation doivent s'abstenir de prendre part aux délibérations (arg. art. 426 et 495 comb.).

Au juge de paix seul appartient le droit de convoquer le conseil de famille toutes les fois qu'il le jugera nécessaire ou qu'il en sera légalement requis. Il fixe le jour de la réunion et le local où elle doit avoir lieu, à moins que ce ne soit de plein droit chez lui. Juge et arbitre, dans les limites posées par la loi, du choix des membres qui composeront le conseil de famille, il en dirige les délibérations et leur imprime le caractère de l'authenticité. Mais quel sera le juge de paix compétent? L'article 406 nous dit que c'est celui du domicile du tuteur au moment où s'ouvre la tutelle, et en combinant cet article avec l'article 108 qui décide que le mineur non émancipé aura son domicile chez ses père et mère ou tuteur, on peut dire que c'est le domicile du tuteur qui détermine la compétence du juge de paix. Cependant la loi toujours portée à favoriser les intérêts du mineur établit ici une exception à la règle générale. Si le tuteur autre que le père, la mère ou un ascendant vient à changer de domicile pendant la durée de la tutelle, le mineur, il est vrai, changera de domicile avec lui, mais le juge de paix compétent continuera à être celui du lieu où la tutelle a été déférée pour la première fois. Si le conseil de famille devait suivre les divers domiciles que pourrait choisir le tuteur, il serait trop facile à ce dernier de se soustraire à la surveillance des parents et de livrer le mineur à des conseils souvent étrangers à sa personne et à ses intérêts. Mais s'il est vrai que le juge de paix a seul le droit de convoquer le conseil, il peut être tenu de le faire sur la réquisition et à la diligence des parents du mineur, de ses créanciers, de ses débiteurs, en un mot de toute partie intéressée. Ainsi un copartageant qui tient à provoquer un partage, un copropriétaire qui veut sortir de l'indivision, ont le droit de requérir le juge de paix de faire convoquer le conseil de famille pour nommer au mineur un tuteur contre lequel ils puissent valablement agir. Mais comme il pourrait arriver qu'il n'y ait pas de parties intéressées et que les parents du mineur, soit pour cause d'absence, soit par l'effet de la négligence, ne fassent aucune démarche pour arriver à ce but, la loi donne au juge de paix le droit et lui impose le devoir de convoquer d'office le conseil de famille, afin que les intérêts du mineur ne souffrent pas plus longtemps. Il semble résulter des termes de l'article 411 que cette convocation doit se faire au moyen d'une citation, c'est-à-dire par ministère d'huissier. Cependant il est juste de croire que si les parents sont disposés à se réunir à l'amiable soit par convocation verbale, soit par lettre, il est inutile de recourir à une citation authentique dont les frais doivent retomber sur le mineur. Ce moyen extrême ne doit être employé que contre les parents dont la bonne volonté est douteuse, ou qui auraient refusé de comparaître sur une simple invitation. Chaque membre doit au jour fixé comparaître en personne ou par un fondé de pouvoir spécial, faute de quoi il sera condamné à une amende qui ne pourra excéder cinquante francs et sera prononcée sans appel par le juge de paix.

Pour que le conseil de famille puisse valablement délibérer, la loi exige la présence des trois quarts au moins des membres convoqués. Le juge de paix n'étant pas membre convoqué, il en résulte que si le conseil se compose de six membres convoqués, il faut qu'il y en ait cinq au moins présents à la délibération. Du reste cet article ne trouvera une application exacte que dans le cas où le conseil se composerait de huit membres convoqués ; la présence de six d'entre eux suffira pour que la délibération soit inattaquable.

Aux termes de l'article 883 du Code de procédure civile toutes les fois que les délibérations du conseil de famille ne seront pas unanimes, l'avis de chacun des membres qui le composent sera mentionné au procès-verbal ; mais la loi n'exige pas en général qu'il soit motivé.

Les décisions se prennent à la majorité des membres présents, mais le juge de paix a non-seulement voix délibérative, mais encore prépondérante. Si donc le conseil se compose de six membres convoqués et qu'il y ait partage d'opinion, le juge de paix, en vertu de sa voix délibérative, fera triompher l'opinion à laquelle il se réunira. Il n'y aura lieu à la prépondérance que dans le cas où par exemple deux membres seraient d'un avis et trois d'un autre ; le juge de paix se réunissant alors à l'opinion la plus faible, rendra le partage égal,

puisqu'il y aura trois voix de chaque côté, et en vertu de la prépondérance, son suffrage fera pencher la balance.

En règle générale les délibérations du conseil de famille sont exé-
cutoires par elles-mêmes et sans homolagation, c'est-à-dire sans être
confirmées par le tribunal de première instance compétent. Mais le
Code a soin d'énumérer les cas dans lesquels cette homolagation est
indispensable. Ainsi les délibérations relatives à l'aliénation des biens
des mineurs, aux transactions faites en leur nom, sont soumises à
cette formalité. Il en est de même de la délibération qui prononce
l'exclusion ou la destitution du tuteur dans le cas où il y aurait réclamation de la part de celui-ci (art. 447 et 448). Alors le subrogé
tuteur doit poursuivre l'homologation de la délibération devant le tribunal dans le ressort duquel a eu lieu la réunion du conseil de famille.

Les actes de cette assemblée se divisent en avis et en délibérations;
les avis sont des actes dans lesquels le conseil se borne à donner à la
justice son opinion sur des questions qui lui sont soumises. L'article 494 en fournit un exemple. Par délibérations on entend des actes
au moyen desquels le conseil prend ou ordonne directement une mesure quelconque. Par exemple quand il s'agit d'aliéner ou d'hypothéquer les immeubles du mineur, d'accepter ou de répudier une succession ou donation. Du reste, la loi a soin de déterminer les cas où
le conseil est appelé à prendre une délibération, ou à donner un
simple avis.

Le tuteur doit entrer en fonctions aussitôt que sa nomination lui
est connue. S'il est nommé par le conseil de famille, et qu'il soit
membre de cette assemblée, il entre immédiatement en fonctions, et
devient dès ce moment responsable; si la nomination n'est pas faite
en sa présence, elle lui sera notifiée à la diligence du membre de
l'assemblée qui aura été désigné par elle à cet effet. Cette notification
sera faite dans les trois jours de la délibération, outre un jour par
trois myriamètres de distance entre le lieu où s'est tenue l'assemblée

et le domicile du tuteur élu qui devient responsable du jour de cette notification. De même aussi le tuteur testamentaire ne devient responsable qu'après que sa nomination lui a été notifiée. Quant à la tutelle légitime qui s'ouvre de plein droit, le tuteur devient responsable à partir du jour où l'événement qui a donné lieu à la tutelle, lui a été connu.

Le Code prévoit (art. 419) le cas où le tuteur viendrait à mourir dans l'exercice de ses fonctions. Alors le devoir du subrogé tuteur est de requérir le plus tôt possible la convocation du conseil de famille, afin qu'il soit procédé à la nomination d'un nouveau tuteur. La tutelle, il est vrai, est un mandat essentiellement personnel, et ne doit pas passer aux héritiers du tuteur qui peuvent ne pas présenter autant de garanties que leur auteur; mais comme il importe aussi qu'elle ne reste pas vacante pendant l'intervalle qui s'écoulera nécessairement entre la mort du tuteur et l'entrée en fonctions de son successeur, la loi décide que les héritiers du tuteur seront tenus de continuer la gestion de la tutelle jusqu'à la nomination du nouveau tuteur. Ils sont libres, au surplus, de la hâter, puisque la loi leur confère, en qualité de parties intéressées, le droit de requérir la convocation du conseil. Ils seront, dans tous les cas, responsables de la gestion de leur auteur, parce que les dommages-intérêts, auxquels pourrait donner lieu la mauvaise administration du tuteur, sont à la charge de la succession qu'ils sont appelés à recueillir.

Les membres d'un conseil de famille ne sont, du reste, soumis à aucune responsabilité spéciale à raison des avis et délibérations auxquels ils sont appelés à concourir. La responsabilité générale, établie par les articles 1382 et 1383, ne les atteint même que s'ils se sont rendus coupables de dol.

CHAPITRE III.

DU SUBROGÉ TUTEUR.

Une des innovations les plus importantes de notre législation actuelle, c'est sans contredit l'institution des subrogés tuteurs. L'expérience, l'intérêt surtout des mineurs réclamaient une disposition législative qui remît leur défense entre les mains d'un protecteur désintéressé toutes les fois qu'en raison des circonstances il y aurait eu à craindre que le tuteur n'agît pas avec impartialité et dévouement. En effet, il arrivera souvent que le tuteur nommé à un mineur est un parent de ce dernier, et que par conséquent ils peuvent avoir pendant la durée de la tutelle des intérêts opposés à débattre ou à concilier.

L'esprit de cette institution a, du reste, été parfaitement caractérisé par les expressions du tribun Leroy, dans son discours au corps législatif, quand il disait : « Le législateur ne devait pas laisser la fidé- « lité aux prises avec l'intérêt. » Cependant il n'est pas entièrement exact de dire que l'établissement de la subrogée tutelle est une innovation de notre Code civil. Autrefois, il est vrai, on ne la connaissait pas dans la majeure partie du pays de droit écrit ; c'est dans les pays coutumiers que l'usage de nommer un subrogé tuteur en même temps qu'un tuteur prit naissance. Il n'était pas nommé précisément pour contrôler l'administration de la tutelle, mais pour veiller à la conservation des droits du mineur toutes les fois qu'ils étaient en opposition avec ceux du tuteur. Dans les pays de droit écrit la loi avait, à la vérité, aussi pourvu en pareil cas à l'intérêt des mineurs en ce qu'elle prescrivait que l'on nommât à ces derniers un curateur spécial qu'on appelait *curator in litem*, toutes les fois qu'il s'élèverait un conflit d'intérêts entre le mineur et son tuteur. Mais la mission de ce curateur n'était ni générale ni permanente ; elle se bornait à l'affaire pour laquelle il avait été élu et cessait avec elle, de sorte qu'il fallait nommer un nouveau curateur chaque fois que les circonstances l'exigeaient. Mais le Code civil ne s'est pas arrêté à l'opposition d'intérêts qui existerait accidentellement entre le tuteur et le mineur; il a pourvu, par une mesure générale, à tous les cas qui pourraient naître pendant la durée de la tutelle, en ordonnant que dans toute tutelle il y aurait un subrogé tuteur, dont les fonctions sont nettement déterminées dans les articles 420 et suivants, et que nous allons examiner.

L'article 420 décide que la subrogée tutelle est essentiellement dative, c'est-à-dire que le subrogé tuteur doit toujours être nommé par le conseil de famille. Il n'y a qu'une seule exception à ce principe. En effet, nous avons vu que le curateur au ventre devient de droit le subrogé tuteur du posthume dès le moment de sa naissance. Une des conséquences de ce principe, c'est que le dernier mourant des père et mère à qui la loi donne le droit de nommer un tuteur à ses enfants mineurs, ne pourra jamais leur nommer un subrogé tuteur. Il résulte également des termes de la loi que même la tutelle légitime des père et mère ou des ascendants n'est pas exempte du contrôle du subrogé tuteur. Le législateur tient tellement à ce que les deux tutelles soient déférées en même temps, que s'il y a lieu à la tutelle testamentaire ou légitime, celui qui en est chargé doit, avant même d'entrer en fonctions, faire convoquer le conseil de famille, afin qu'il procède immédiatement à la nomination du subrogé tuteur. La sanction pénale de cette disposition est sévère. Si le tuteur n'a pas requis la convocation du conseil, celui-ci convoqué sur la réquisition des parents, des parties intéressées, ou d'office par le juge de paix, pourra, s'il y a eu dol, prononcer la destitution du tuteur, sans préjudice des dommages-intérêts qui pourront être dus au mineur.

De ce que l'article 446 limite au degré de cousins germains inclusivement le droit de requérir la convocation du conseil de famille, il n'est pas à dire pour cela que des parents d'un degré plus éloigné, ou qu'un ami des parents du mineur qui ne serait pas partie intéressée dans le sens strict du mot, ne pourraient pas réclamer l'exécution de la loi à ce sujet, si des parents plus proches ne le faisaient pas.

La loi, il est vrai, leur refuse le droit de réquisition directe, mais ils peuvent éveiller la sollicitude du juge de paix à cet égard, par quelque moyen que ce soit, et le devoir de ce magistrat est alors de convoquer d'office le conseil de famille.

Si la tutelle est dative, le subrogé tuteur doit être nommé immédiatement après le tuteur. Si l'on ne fait le choix du subrogé tuteur qu'après avoir nommé le tuteur, c'est parce qu'il ne convient pas que ce dernier, s'il est membre du conseil de famille, participe à l'élection de son surveillant et contradicteur légitime. L'article 423 lui défend expressément de voter ni pour la nomination ni pour la destitution du subrogé tuteur, et la loi pousse si loin ses précautions dans l'intérêt des mineurs, que pour rendre impossible toute connivence entre eux, le subrogé tuteur doit toujours être pris dans la ligne à laquelle le tuteur n'appartient pas. Si donc il n'y a de parents que dans une seule ligne, et que le tuteur ait été choisi parmi eux, le subrogé tuteur devra être pris parmi les amis qui représentent l'autre ligne.

Une autre conséquence, c'est que si le tuteur vient à être changé, et que son successeur soit pris dans la ligne à laquelle le subrogé tuteur appartient, il faudra que ce dernier soit également changé pour être pris dans la ligne opposée. Cependant deux frères germains pourraient être l'un le tuteur, l'autre le subrogé tuteur de leur frère mineur; car les parents de cette classe tenant aux deux lignes, il importe peu que le subrogé tuteur appartienne à l'une ou à l'autre.

Le subrogé tuteur n'est pas le suppléant du tuteur, mais son surveillant et son contradicteur légal; c'est pour cette raison que l'article 424 décide qu'il ne remplacera pas de plein droit le tuteur lorsque la tutelle deviendra vacante; mais il doit, sans délai, et sous peine de dommages-intérêts envers le mineur, requérir la convocation du conseil de famille, afin de pourvoir au remplacement du tuteur. Il n'a aucune initiative à exercer dans l'administration de la tutelle, mais il doit prendre fait et cause pour le mineur, chaque fois que celui-ci a des intérêts communs et opposés à débattre avec son tuteur, par exemple, s'ils se trouvent tous deux intéressés dans une même succession, ou s'il s'agit de procéder au partage de biens indivis entre eux, ou de vérifier les comptes de tutelle. Hors de ces cas déterminés par la loi, le subrogé tuteur ne peut que provoquer des mesures d'administration dans l'intérêt du pupille. Il requiert la convocation du conseil de famille, toutes les fois que la tutelle est vacante, ou quand il s'agit de délibérer sur la destitution du tuteur. Si la destitution est prononcée, et qu'il y ait réclamation de la part du tuteur, c'est le subrogé tuteur qui est chargé de poursuivre en justice l'homologation de la délibération, et de répondre, même en appel, au tuteur destitué qui veut se faire maintenir dans la tutelle. Il doit assister à tous les actes qui ont pour but la constatation de la fortune du mineur (art. 451, 453, et 459). Il reçoit et vérifie les états de situation de la gestion du tuteur pour contrôler efficacement ses actes; enfin il est tenu sous sa responsabilité personnelle, et sous peine de tous dommages-intérêts, de veiller à ce que l'inscription légale, qui compète au mineur sur les biens de son tuteur, soit prise sans délai et [renouvelée en temps utile, et, au besoin, il est chargé de faire faire lui-même cette inscription sur les registres du conservateur des hypothèques (art. 2137). Il répond aussi à la demande en réduction de cette hypothèque quand elle n'a pas été restreinte dans l'acte de nomination (art. 2143).

De ce que l'article 444 du Code de procédure civile décide que le délai d'appel ne court contre le mineur non émancipé qu'après la signification du jugement, tant au tuteur qu'au subrogé tuteur, encore que ce dernier n'ait pas été en cause, on peut conclure qu'il est aussi du devoir de celui-ci de veiller à ce que le tuteur ne laisse pas s'écouler le délai pour interjeter appel du jugement, si l'intérêt du mineur l'exige.

Dès que la tutelle vient à cesser, la surveillance du subrogé tuteur n'a plus d'objet; en conséquence, ses fonctions cessent aussi à la même époque; mais si un nouveau tuteur succède à l'ancien, le subrogé tuteur conserve ses fonctions, pourvu qu'il ne soit pas dans la même ligne que le nouveau tuteur, car ses pouvoirs n'expirent qu'au moment où le mineur parvient à sa majorité, ou obtient son émancipation, puisque ces seules causes entraînent l'extinction de la tutelle.

Une dernière remarque me reste encore à faire : Le subrogé tuteur a le droit, non-seulement de provoquer la destitution du tuteur, mais encore il peut voter valablement dans le conseil de famille réuni à cet effet, tandis que nous avons vu que l'intérêt des mineurs interdisait ce double droit au tuteur.

CHAPITRE IV.

DE LA TUTELLE DES ENFANTS NATURELS.

J'ai cru devoir traiter dans un chapitre à part ce qui à rapport à la tutelle des enfants naturels, puisque cette tutelle est déférée d'après des règles toutes différentes de celles qui sont établies pour la tutelle des enfants légitimes. Ici, en effet, la loi a pu se reposer sur l'affection naturelle des père et mère et des autres parents du mineur pour lui donner un tuteur et un conseil de famille; là, au contraire, le mineur se voit malheureusement trop souvent renié par ses parents, abandonné par eux, et bien plus, la loi lui interdit formellement dans certains cas le droit de rechercher les auteurs de ses jours. Quant à la famille, il n'en a pas, il ne peut pas en avoir; et cependant il est à remarquer que le Code civil, ordinairement si prévoyant dans l'in-

térêt des mineurs, s'est uniquement occupé, dans le titre *de la Tu-*
telle, de celle des enfants légitimes. Vainement y rechercherait-on
quelque disposition relative à la tutelle des enfants naturels, et personne néanmoins plus qu'eux n'a besoin de la protection de la loi,
puisque dès leur naissance ils se trouvent isolés, sans secours, sans
famille qui leur donne les soins prodigués aux enfants légitimes.

C'est donc à la doctrine à chercher à suppléer au silence de la loi
et à établir, d'après les principes généraux de la matière, ce que le
Code n'a pas formellement exprimé.

Le Code civil distingue deux espèces d'enfants naturels : les enfants
naturels simples, c'est-à-dire ceux qui sont nés de personnes libres,
et non parentes ou alliées au degré où le mariage est prohibé, et les
enfants nés d'un commerce incestueux ou bien adultérins. Je ne dirai
que peu de mots de ces derniers.

Fruits malheureux de la violation de la foi conjugale, ou bien issus
d'une union repoussée par la nature, la morale et la loi, ils sont et
ont toujours été défavorablement traités par les différentes législations.
Le scandale de leur origine est si grand, que la loi les déclare inca-
pables d'être reconnus comme enfants naturels; ils sont exclus du
bénéfice de la légitimation par mariage subséquent. L'article 342 leur
interdit formellement et dans tous les cas la recherche soit de la paternité, soit même de la maternité. Enfin ils n'ont aucun droit héré-
ditaire sur la succession de leurs parents naturels; la seule chose qui
leur soit accordée, ce sont des aliments. Or la tutelle légale étant un
privilége qui découle de la puissance paternelle telle qu'elle est carac-
térisée dans notre Code, et cette puissance ne pouvant jamais exister
en faveur des père et mère naturels sur leurs enfants adultérins ou
incestueux, il en résulte qu'il ne pourra jamais y avoir lieu à la tutelle
légale de ces père et mère. Sans doute, il est de leur devoir de nourrir
cet enfant, de l'élever, de protéger son enfance et de le mettre en état
de se suffire plus tard à lui-même; mais ils ne seront pas admis de
droit à le représenter en justice en qualité de tuteurs; et si une

contestation judiciaire concernant la personne et les biens de ce mineur venait à s'élever, il faudrait que le mineur fût légalement représenté par un tuteur habile à défendre ses intérêts devant le tribunal compétent. Cette tutelle est essentiellement dative, et le juge de paix devra, soit d'office, soit sur la réquisition d'une des parties intéressées, convoquer un conseil de famille pour procéder à la nomination d'un tuteur. Ici la composition du conseil, qui au cas particulier devrait plutôt s'appeler conseil de tutelle, sera toute à la discrétion du juge de paix. Il n'y a pas de membres de la famille, mais il peut y avoir des amis du père ou de la mère; s'il n'y en a pas de connus, le juge de paix choisira des personnes recommandables domiciliées dans la commune, et le conseil ainsi constitué nommera pour tuteur celui qui paraîtra être le plus à même de défendre les intérêts du pupille; à ce titre les père et mère naturels ne sont pas exclus de la tutelle, et même ils seront ordinairement choisis, si leur conduite postérieure a fait oublier le souvenir de leur faute première.

Parmi les enfants naturels simples on distingue ceux qui ont été légalement reconnus de ceux qui ne l'ont pas été. Ces derniers n'ont ni parenté légale, ni famille, puisqu'ils sont reniés par leurs parents; mais du moins peuvent-ils forcer leur mère, en vertu de l'article 341, de leur donner un nom et certains droits de succession énumérés dans la loi. Nous discuterons plus loin les conséquences que cette reconnaissance entraîne par rapport à la tutelle; mais si elle n'a pas eu lieu, il est hors de doute que le conseil de famille doit être appelé à nommer un tuteur dans les mêmes formes que nous venons d'établir plus haut.

Cependant il importe de dire que ces formalités ne pourront devenir nécessaires que dans le cas où l'enfant naturel non reconnu, adultérin ou incestueux, serait resté confié aux soins de ses parents ou de l'un d'eux; car s'il a eu le malheur d'être exposé dès sa naissance ou abandonné dans la suite par les auteurs de ses jours, il sera, en vertu de la loi du 15 pluviôse an 13, recueilli par l'administration des hospices qui, ainsi qu'il a été dit plus haut, lui constituera un conseil de famille et lui donnera un tuteur.

La position des enfants naturels reconnus est bien différente et beaucoup plus avantageuse; car leur naissance, quoique toujours regrettable, n'est cependant pas un outrage aux lois de la nature, ni un scandale qui viole la foi conjugale. Aussi peuvent-ils à la face de la société nommer les auteurs de leurs jours et porter le même nom qu'eux.

Mais la question importante qui doit nous occuper ici, c'est celle de savoir si le père et, à son défaut, la mère sont *tuteurs légitimes*, *tuteurs de plein droit* de l'enfant naturel mineur qu'ils ont reconnu? ou bien cette tutelle est-elle toujours *dative*?

Ici encore le Code est muet, et pour résoudre cette question si controversée, il faut chercher à se pénétrer de l'esprit de la loi et peser les motifs qui ont décidé les auteurs à se prononcer dans un sens plutôt que dans l'autre.

M. Loiseau, dans son *Traité des enfants naturels*, tranche la question dans ces termes : «Ou bien l'enfant a été reconnu concurrem- «ment par ses père et mère, et alors le père, à raison de son sexe, «est *tuteur de droit, tuteur légal* de leur enfant commun (art. 383 «et 390 combinés). On doit lui appliquer les mêmes principes, il doit «obtenir les mêmes faveurs que s'il était père légitime, parce que la «loi l'assujettit aux mêmes charges, qu'elle lui impose les mêmes «obligations; et qu'il ne peut les remplir convenablement s'il n'est «pas investi de l'autorité nécessaire pour y parvenir..... Ou bien l'en- «fant n'a été reconnu que par sa mère, et dans ce cas la tutelle lui «appartient de plein droit. »

M. Delvincourt a, note de la page 110, n° 1, décidé la question dans le même sens. «L'article 383, dit-il, donne aux père et mère natu- «rels tous les droits de la puissance paternelle qui sont établis en fa- «veur de l'enfant. Or la tutelle est toute en faveur du pupille..... » La Cour impériale de Bruxelles a décidé la question dans le même sens dans un arrêt du 4 février 1811. (Sirey, t. XI, part. 2, p. 476).

Mais l'opinion contraire me semble établie par des considérations bien plus puissantes. Parmi les auteurs qui la soutiennent, je citerai M. Favard de Langlade qui s'exprime en ces termes : « La tutelle « légale du survivant des père et mère légitimes est fondée sur son « affection présumée pour ses enfants..... la tutelle ne pouvant être « donnée à nul avec autant de sécurité, aussi a-t-elle lieu de plein « droit. Il n'y a pas même raison d'accorder la tutelle légale au survi- « vant des père et mère d'un enfant naturel reconnu. La faute qu'ils « ont commise en lui donnant le jour, annonce un déréglement de « mœurs peu propre à attirer la confiance de la loi..... Par leur con- « duite et leur affection présumée, ils n'ont donc pas droit à la même « confiance que les parents légitimes. *Tutor non rebus duntaxàt, sed* « *moribus pupilli proponitur.* La tutelle n'est pas de droit naturel ; « elle appartient tout entière au Droit civil, et par conséquent à ceux- « là seuls à qui la loi l'a déférée expressément..... Il suit de là que « la tutelle des enfants naturels est toujours dative. Sans doute les père « et mère naturels seront le plus souvent nommés tuteurs, car c'est « ordinairement l'intérêt des enfants ; mais ils n'auront cette qualité « que quand elle leur aura été conférée par le conseil de famille. »

M. Duranton professe la même doctrine en s'appuyant sur le silence même du Code qui, aux titres du mariage, de la puissance paternelle et des successions, s'est clairement exprimé sur les droits des mineurs. S'il ne l'a pas fait au titre de la tutelle, c'est qu'il n'était pas dans l'intention du législateur de confier de plein droit la tutelle légale aux père et mère naturels. De nombreux arrêts des Cours royales et de la Cour de cassation ont confirmé cette doctrine qui me paraît être plus conforme à l'esprit de la loi. En effet, quel est le but que le légis- lateur s'est proposé en instituant la tutelle ? C'est évidemment l'intérêt le plus cher du mineur, les soins à donner à sa personne, à son édu- cation morale d'où dépend tout son avenir. Ce but serait-il atteint si le survivant des père et mère naturels jouissait de plein droit de la tutelle ? Bien souvent il serait à craindre que non, et la loi devait avoir une juste prévention de méfiance contre des parents qui, au mépris des liens sacrés et indissolubles qui résultent d'un mariage légal, ont préféré ne contracter qu'une union passagère que le hasard peut rompre comme il l'a formée, et s'exposer ainsi à donner le jour à un enfant sans nom et sans famille. Les articles 158, 383, 405 et 765 prouvent combien la loi est portée pour l'intérêt des enfants naturels mineurs, et si la tutelle légale eût pu y contribuer, nul doute qu'une disposition expresse n'eût consacré ce principe fondamental.

Quant au droit accordé au survivant de nommer un tuteur testamentaire à ses enfants mineurs, c'est encore un privilége de la paternité légitime qui ne peut pas appartenir aux parents naturels. La confirmation par le conseil de famille du choix fait par le survivant des père et mère naturels me paraît indispensable, d'après les principes exposés plus haut. Au reste le conseil nommera facilement le tuteur élu, s'il paraît être digne de cette mission.

DROIT CRIMINEL.

DE LA RÉVISION DES JUGEMENTS CRIMINELS.

La matière de la révision des jugements criminels est presque neuve dans notre législation. On en trouve la première trace dans l'ordonnance criminelle du mois d'août 1670. Supprimée par les lois de l'assemblée constituante, elle avait été rétablie en 1793 pour les cas seulement où deux condamnations étaient inconciliables (loi du 15 mai 1793), pour disparaître de nouveau par la mise en activité du Code du 3 brumaire an 4, qui n'en avait rien dit, mais dont une disposition déclarait abolie toute forme de procéder et de juger en matière criminelle, qui ne s'y trouverait pas rappelée.

Lors de la rédaction du Code actuel d'instruction criminelle, le jury existait déjà en France, et l'on applaudissait à l'influence heureuse que cette institution exerçait sur l'administration de la justice. Aussi le projet de loi destiné à admettre le pourvoi en révision rencontra-t-il beaucoup de contradicteurs qui craignaient que la confiance que devait inspirer le jury ne se trouvât affaiblie par la seule supposition que des jurés fussent tombés dans l'erreur. Ces considérations, il est vrai, étaient importantes; mais il en est d'autres d'un ordre plus relevé qui devaient l'emporter. Car la justice humaine n'est pas infaillible, et il était indispensable d'établir une barrière contre les erreurs possibles des jurés et des juges. Il vaut mieux, suivant le beau rescrit de Trajan, absoudre un coupable que de condamner un innocent. Aussi la loi a-t-elle tracé avec la plus grande circonspection les règles qui concernent la révision, et déterminé d'une manière fixe et précise les cas où la demande en révision pourra valablement être formée.

Les causes de révision sont au nombre de trois. Nous allons les examiner l'une après l'autre :

L'article 443 du Code d'instruction criminelle décide que si un accusé a été condamné pour un crime, et qu'un autre accusé ait aussi été condamné, par un autre arrêt, comme auteur du même crime, si les deux arrêts ne peuvent se concilier et sont la preuve de l'innocence de l'un ou de l'autre condamné, l'exécution des deux arrêts sera suspendue, quand même la demande en cassation de l'un ou de l'autre arrêt aurait été rejetée. Il résulte de cette disposition qu'il faut qu'il y ait impossibilité absolue et directe de concilier les deux arrêts, de manière que l'un des deux soit nécessairement la preuve de l'innocence de l'un ou de l'autre des condamnés. Comme la présomption légale est toujours qu'il n'y a pas eu d'erreur et que la décision du jury est *vox populi*, il faut que l'erreur soit manifeste et que la loi ait les moyens qui puissent faire espérer la découverte de la vérité. C'est pour cela que la présence du condamné est indispensable pour l'admission du pourvoi en révision. Il faut bien se pénétrer du principe que la révision, sauf le cas où elle est autorisée pour cause de l'existence prouvée d'une personne prétendue homicidée, ne doit jamais avoir lieu que contradictoirement avec le condamné; ce qui prouve surtout ce principe, c'est que, tant que les peines prononcées contre un condamné contumace ne sont pas prescrites, et elles ne le sont que par vingt ans, celui-ci peut anéantir son jugement en se représentant à la justice. Ainsi tant qu'un condamné aura un moyen aussi facile que sa comparution pour briser un arrêt prononcé contre lui, le recours extraordinaire de la révision lui sera toujours refusé.

Si l'un des condamnés meurt, la révision ne peut plus être ordonnée, car la justice ne peut plus espérer de trouver les lumières nécessaires pour découvrir l'erreur; mais la révision commencée ne serait pas arrêtée par le décès de l'un des condamnés arrivé depuis l'admission de la demande par la Cour de cassation. Du reste, il importe peu que les deux arrêts aient été rendus par deux tribunaux différents ou par un seul, pourvu que dans ce dernier cas ils aient été rendus à la suite de deux instructions distinctes.

A chaque cause légitime de révision correspond une procédure particulière dont les règles sont tracées par le Code. Ainsi, pour le cas qui nous occupe en ce moment, le ministre de la justice, soit d'office, soit sur la réclamation des condamnés ou de l'un d'eux, ou du procureur général, charge le procureur général près la Cour de cassation de dénoncer les deux arrêts à la Cour, section criminelle. Celle-ci, après avoir reconnu l'impossibilité de concilier les deux condamnations, casse les deux arrêts, et renvoie les accusés devant une autre Cour que celle qui a rendu les jugements cassés.

Le second cas est celui où, après condamnation pour homicide consommé, la justice vient à avoir des indices certains que la personne prétendue homicidée existe encore réellement. Ainsi, lorsque par ordre exprès du ministre de la justice il sera adressé à la Cour de cassation, section criminelle, des pièces représentées postérieurement à la condamnation et propres à faire naître de suffisants indices sur l'existence de la personne dont la mort supposée aurait donné lieu à la condamnation, cette Cour pourra désigner une Cour royale pour reconnaître l'existence et l'identité de la personne prétendue homicidée, et les constater par l'interrogatoire de cette personne, par audition de témoins et par tous les moyens propres à mettre en évidence le fait destructif de la condamnation. Dès que la Cour royale aura répondu sur l'identité de la personne, son arrêt sera transmis à la Cour de cassation avec la procédure qui aura eu lieu, et celle-ci pourra casser l'arrêt de condamnation et même, s'il y a lieu, renvoyer l'affaire à une autre Cour que celle qui en a primitivement connu. Si la Cour royale décide qu'il n'y a pas identité, la Cour de cassation ordonnera qu'il n'y a pas lieu à révision ; le sursis sera levé et la condamnation première sera exécutée.

On peut demander la révision d'une condamnation, quand même le condamné n'existerait plus. A cet effet la Cour de cassation nommera un curateur à sa mémoire avec lequel se fera la nouvelle instruction, et qui représentera le condamné défunt. Si le résultat de la nouvelle instruction est la preuve de l'innocence du condamné, le nouvel arrêt déchargera sa mémoire de l'injuste condamnation prononcée contre lui.

Le troisième et dernier cas de révision a lieu, lorsqu'après une condamnation contre un accusé, l'un ou plusieurs des témoins, qui avaient déposé à charge contre lui, sont poursuivis pour avoir porté faux témoignage dans le procès. Si l'accusation en faux témoignage est admise contre eux, ou même s'il est décerné contre eux des mandats d'arrêt, il sera sursis à l'exécution de l'arrêt de condamnation, quand même la Cour de cassation aurait rejeté la requête du condamné. Si les témoins sont condamnés pour crime de faux témoignage, le procureur général près la Cour de cassation sera chargé de dénoncer le fait à cette Cour. L'arrêt de condamnation du premier condamné sera annulé, et il sera renvoyé devant une autre Cour pour être de nouveau jugé sur le même acte d'accusation ; mais le témoin condamné pour faux témoignage ne sera plus admis à déposer, pas même pour donner de simples renseignements.

FIN.

www.ingramcontent.com/pod-product-compliance
Lightning Source LLC
Chambersburg PA
CBHW071757200326
41520CB00013BA/3296